早稲田教育ブックレット No.8

子どもの貧困と教育

表紙写真提供：早稲田大学教育・総合科学学術院教授 小林敦子

はじめに

日本においては、二〇〇五年に高齢化率が二〇%を突破し、二〇五〇年には約四〇%に達すると予測されています。社会構造が急激に変動し少子高齢化が進行する中で、次世代を担う子どもの育成は、ますます重要な課題となっています。しかしながら、子どもの貧困は現在、深刻な状況にあると言えます。

日本の子どもの相対的貧困率はOECD諸国の中では高い水準にあり、また適切な施策が実施されていないため、二〇〇〇年代以降も子どもの貧困率が上昇していることが問題視されています。貧困に対するセーフティーネットとして生活保護がありますが、生活保護は子どもの貧困に対して限定的役割しか果たすことができず、子どもの生育環境が悪化するという悪循環にあります。発展途上地域のように、日本では貧困が可視化されているわけではなく、食べるのにも事欠く、というわけではありません。しかし、貧困が見えないだけに、より課題は大きいとも言えます。

そうした問題の深刻さに鑑み、教育総合研究所では、「子どもの貧困と教育」に関するシンポジウムを開催し、教育総合研究所の公募研究である「子どもの貧困と対抗戦略に関わる教育学的研究」のプロジェクトチーム（二〇一二年度採択課題、代表小林敦子）が担当させて頂きました。

当日の講師としては、二神恭一（荒川区自治総合研究所所長／早稲田大学名誉教授）、山野良一（千葉明徳短期大学教授）、松田悠介（Teach For Japan 代表）、Maurice Rabb（Teach For All のプログラム・エンゲージメント・ディレクター）の各氏をゲストとしてお招きしました。

それぞれに、子どもの貧困と教育に関わって、地道に活動に取り組んで来られた極めて豊富な経験をお持ちのパネリストです。また日本だけでなく国際的にも活躍されておられ、非常に多忙な中、今回のシンポジウムのために時間をさいて下さいました。

パネリストの報告を聞きながら、教育が一人の人間の人生をここまで変えるのかということに改めて驚きました。また教育と福祉とが両輪となって子どもの成長を助け支援することの重要性や、幼児教育の段階からケアをしていく必要性など、多くのことを学びました。

子どもの貧困問題は、現在、深刻な課題であることが認識され始めたこともあり、当日、学生、一般（教員、自治体関係者）を含めて、多くの方々の参加を得ることができました。フロアからの活発な質問に触発されて議論が深まりました。

そして、何よりも子どもの貧困問題についてのシンポジウムの企画・開催を後押しして下さった教育総合研究所の堀誠所長に、心から感謝致します。またシンポジウムの運営に当たっては職員の方々に助けて頂きましたし、教育総合研究所・阿内春生助手の献身的な努力で、このブックレットとして出版することができました。

本ブックレットが、将来にわたって子どもの貧困の問題を多くの方々に知って頂くための、一つの小さな力になれば幸いです。そして人々が自分の持てる知恵と力とを出し合って、子どもたちに希望を与えることができる社会を築くことを、心から願っています。

二〇一三年二月二十一日

早稲田大学教育総合研究所「子どもの貧困と対抗戦略に関わる教育学的研究」研究代表　小林敦子

荒川区から見た子どもの貧困・社会排除問題

公益財団法人荒川区自治総合研究所理事・所長／早稲田大学名誉教授　二神　恭一

皆さんこんにちは。二神です。私が所長を務める荒川区自治総合研究所では、「子どもの貧困・社会排除問題」という研究プロジェクトを立ち上げ、その研究結果を報告書にまとめました。本日はその報告書の内容をお話ししようと思います。

私どもは、子どもの貧困・社会排除問題を基礎自治体の立場から取り上げたわけですが、最初に問題の規定を申し上げます。この問題は、親や家庭の経済事情が引き金になって、子どもがつらい思いをすることであり、社会排除＝social exclusion とは、同じような事情で他の子どもが享受できる機会が奪われてしまう問題のことだとご理解ください。

さて、荒川区について少しご紹介しておきます。東京二十三区の一つで、山手線の日暮里、西日暮里駅の両駅は荒川区に入ります。この二駅から北東方向の隅田川までの地域が荒川区であり、面積は十平方キロ強、区民は二十万余りです。実は荒川区は八年程前から、区民の幸福度指標作りに取り組んでいます。子どもの貧困・社会排除問題を取り上げるようになったのも、不幸な家庭や子どもを少しでも減らそうという幸福度に関する問題意識があったからで、これに基づき区のシンクタンクである私どもの研究所がプロジェクトを立ち上げて鋭意、研究してきたというわ

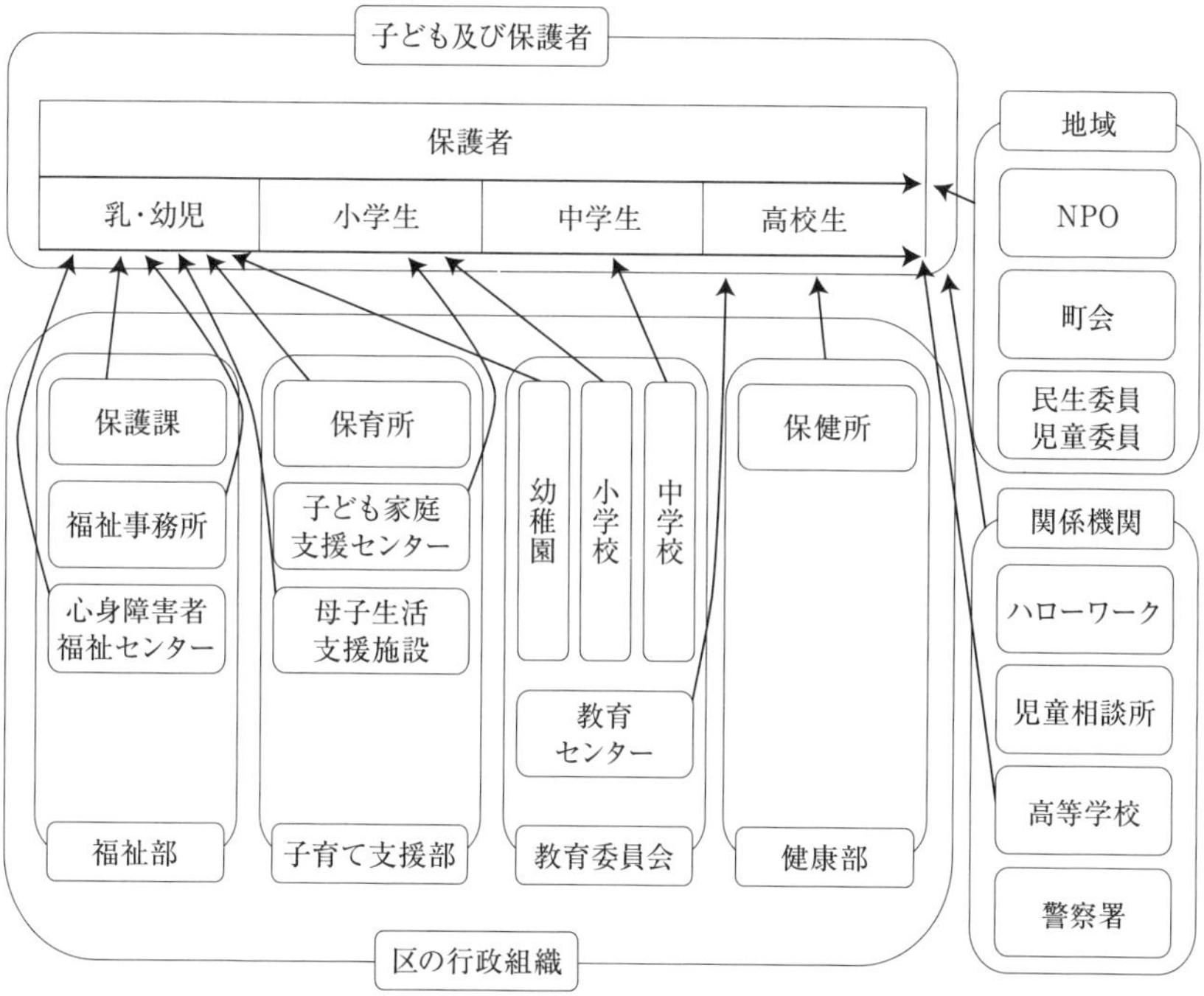

図1　子どものライフステージと荒川区等の主な支援部署

けです。

荒川区は基礎自治体です。国や広域の自治体に対して、基礎自治体がもつ特徴は、住民と直接にさまざまな面で継続して接触していることです。つまり、基礎自治体は住民との間に、直接的、持続的、多様なインターフェースを持っているのです。

子どもの貧困・社会排除問題において、基礎自治体はリアルタイムでさまざまな情報を入手できる立場にあり、もちろん家庭や子どもに寄り添い、またさまざまな施策を講じうる立場にもあります。図1をご覧いただくと、上方に子どもと家庭や保護者が描かれ、子どもは乳幼児から高校生までライフステージ別にとらえられています。下方が基礎自治体たる荒川区で、福祉部、子育て支援部、教育委員会、健康部とあります。生活保護の窓口担当職員やケースワーカー、学校の先生、養護の先生、保健所の保健師といった現場の方が、日ごろから家庭や保護者、子どもに接触しています。右側には地域のＮＰＯや町会、民生委員、児童委員等の組織が描いてあり、家庭や子どもをサポートしています。一方、国や県、広域自治体等のさまざまな機関もサポートにあたる体制になっています。

しかし、子どもの貧困・社会排除問題に対応する場合の主力はやはり基礎自治体です。子どもの貧困・社会排除問題は大変な難題であり、荒川区のような基礎自治体がしっかりしていなければ、なかなか解決はできないのだという思いで取り組み始めました。

あと二点、申し上げたいことがあります。一つは、子どもの貧困・社会排除問題はケース・バイ・ケースで、ケースごとに状況やニーズが違うということです。従って非常にきめ細かな対応が必要なのですが、それはやはり基礎自治体にしてできることではないでしょうか。二つ目は子どもの社会排除問題は、一時的なものではなく、長期的で、連鎖して続くことが多いということです。そのことからしても、基礎自治体が頑張らなければいけないだろうと思います。

とは言うものの、基礎自治体の問題点もあります。役所ですから、縦割り組織です。一つのケースについて、福祉部も、子育て支援部も、保健所も関わらなければならない場合は連携が必要になりますが、それが現状では今一つであり、この問題点を克服する必要があると考えています。

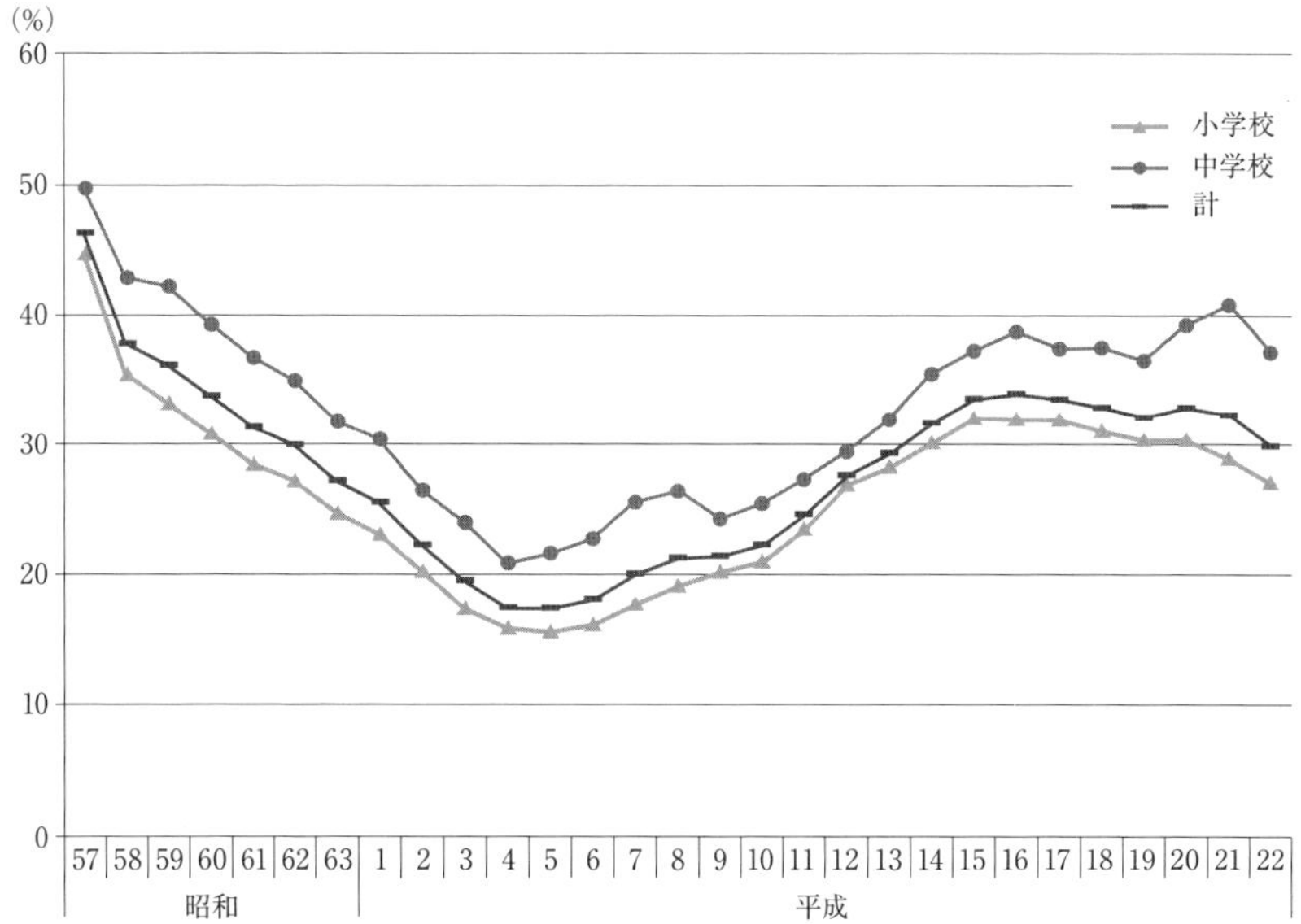

注１）荒川区教育委員会事務局学務課データより作成。
２）1983（昭和58）年度から，就学援助の認定基準を生活保護基準額の1.5倍から1.1倍に見直し。
３）2008（平成20）年度から，就学援助の認定基準を生活保護基準額の1.1倍から1.2倍に見直し。

図２　荒川区就学援助認定率推移

相対的貧困率の問題にふれたいと思います。貧困の研究は、経済学などで前々世紀後半から始まっており、所得や収入の問題である経済的困窮として捉えられてきました。貧困かそうでないかは、所得を基準とする相対的貧困線＝poverty line で線引きしてきたわけです。参考文献で紹介しているラントリーの初版本は一九〇一年刊行ですが、当時、貧困はpoverty line で規定されてきました。相対的貧困率も実は同じです。二〇〇九年十月に厚生労働省が公表した日本の子どもの相対的貧困率は、調査した二〇〇七年時点で一四・二パーセントです。日本では七人に一人の児童が貧困だとされていますが、その根拠にもなっています。私ども

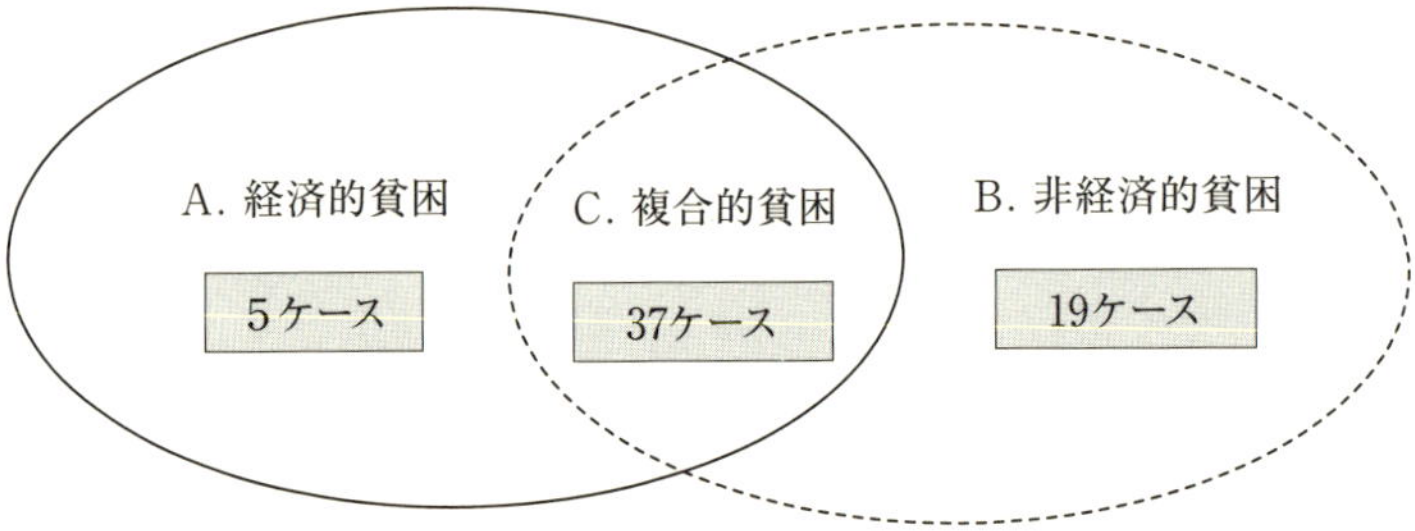

図３　ケースの分類及びケース数

は荒川区の相対的貧困率も出そうとしましたが、区の税務課と厚生労働省とで所得の捉え方が異なり、断念しました。就学援助認定率というものもあり、これも子どもの貧困の指標の一つといわれています。就学援助認定率も小中学校とも増加しています（図2参照）。学用品や給食費を国や自治体がサポートする必要がある家庭の割合が増えていることがわかります。

私どもは基礎自治体ならではの子どもの貧困の捉え方に挑戦しました。基礎自治体には、該当する家庭や子どもに、日ごろ絶えず接しているスタッフや窓口担当者がいます。そこで、スタッフや窓口担当者から、どういう家庭に子どもの貧困が起こっているか、具体的なケースを挙げてもらい、研究所スタッフ、外部専門家、区役所職員がケーススタディする中で、子どもの貧困・社会排除の共通項的なものを摘出し積み重ねていくというアプローチの研究を進めてきました。

取り上げたのは六十一ケースで、それらは経済的貧困、複合的貧困、非経済的貧困の三カテゴリーに分類されます（図3参照）。経済的貧困（A）は、所得が少ない等の経済的要因が引き金となった貧困で、このカテゴリーは少数でした。多かったのは複合的貧困（C）のカテゴリーです。経済的要因に加えて疾病、精神不安定、養育に問題がある

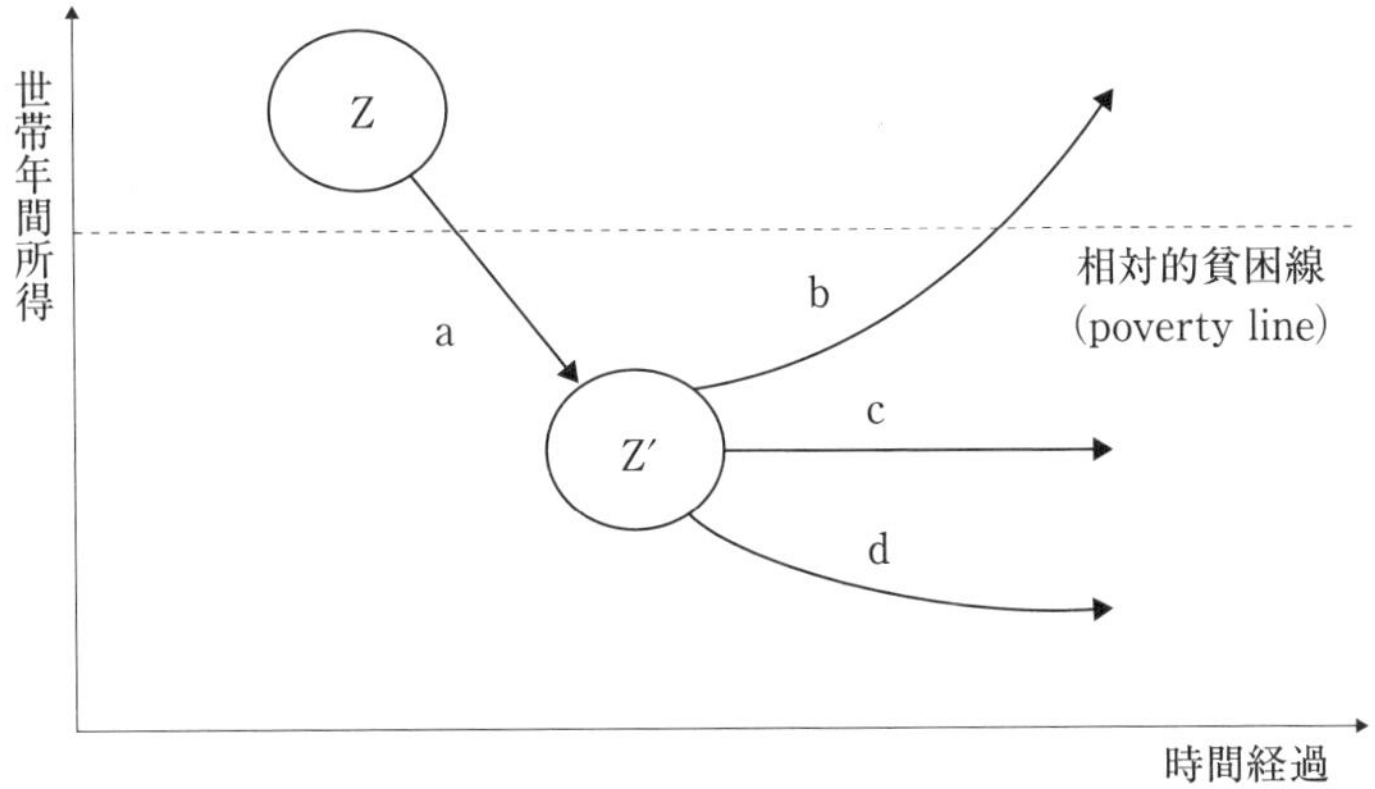

図４　家庭の貧困化の時間的推移のパターン（概念図）

等の非経済的要因が複合しているケースです。非経済的貧困（Ｂ）は、所得もあり立派なマンションに住んでいて、必ずしも経済的には困窮していないが、子どもは非常につらい思いをし、社会排除の対象となるリスクも高いというケースです。非経済的な貧困のケースも取り上げていくべき問題だと思いますが、私どもは力不足でこのカテゴリーに切り込むことはできませんでした。ここでは経済的貧困ならびに複合的貧困を合計した四十二のケースについて分析した結果をお話しします。

ある世帯（Ｚ）があるとします。そこそこ収入があり、経済的には困窮していませんでしたが、病気や失職による収入減で（ａ）、この家庭がpoverty lineの下になってしまったとします（図４のＺ′）。その後、復職や病気の回復により、poverty lineの上の位置にもどることもあると思うのですが（ｂの方向）、四十二のケースではそれは少なく、貧困が長期化し、連鎖も起きているケースが多かったようです（ｃやｄ）。

また、内外で指摘されていることですが、四十二のデータでも七割強（三十ケース）が母子世帯でした。また荒川区は登録外国人の人口が多く、外国人比率は二十三区で三番目に高いです。調査時点で登録外国人人口は一五、五〇八人、うち十八歳未満は一、六四五人でした。このあたりの事情が、四十二ケースのうち外国人の家庭が八ケース（一九％）という結果につながったのだろうと思います。外国人であるために日本語能力が低く、社会的に孤立したりします。また就業能力が低いまま日本に来たことも一因かもしれません。

次にそうした家庭ならびに子どもの問題に入ります。私どもは基礎自治体が政策、施策を展開する場合、子どもの貧困・社会排除問題は、二つに分けて考えたほうがいいのではないかと考えました。まず家庭の問題が引き金になっている場合、そして子ども自身に問題がある場合です。私どもは何よりも子どもの立場で問題を見るべきだという立場ですが、一方、政策、施策としては、まず家庭を何とかしなくてはいけないという面もあります。

荒川区の四十二ケースについて親、家庭の問題を見てみると、貧困化の原因は複数にわたるものが多かったのですが、やはり仕事がない、あるいは不安定といった就労の問題が九割を超えていました。また養育力の問題が四割ありました。ほかにも親の精神的不安定や精神疾患、配偶者暴力、貧困の連鎖等がみられました。そうした家庭の子どもは実にさまざまな問題を抱えています。

次に子ども自身の問題です。上記のような家庭の問題が子どもに与える影響として以下のような事態を挙げることができます。まず不衛生です。ずっとお風呂に入っていない、汚れた服をずっと着ている、髪がボサボサといった状態は、一見してわかるシグナルだと考えていいと思います。次に食生活不全です。まともな食事は給食だけでお菓子ばかり食べているといった子どもがいました。それから児童虐待、特に身体的虐待です。親が精神不安定等で苛立ち、子どもに暴力を振るうといった問題です。また不登校ならびに暴力、喫煙、飲酒といった問題行動もみられました。四十二のケースの場合、これらの出現率が全国や都、荒川区の平均よりも高いと感じました。

学力不足も大きな問題です。実は私ども学力不足問題に挑戦しようとしたのですが、私どものケーススタディでは、この問題に迫ることはできませんでした。ただ内外の研究を見ると、貧困と子どもの学力の間には相関があるという指摘が多く見られます。特にシカゴ大学のヘックマン（ノーベル経済学賞受賞者）の研究（Heckman 2008）などでは、学力形成に「不利な家庭」があると指摘しています。それは私どもが取り上げたような家庭です。またヘックマンは、学力形成は子どもが小さいときに行うのが有効だとも指摘しています。日本の文部科学省が出している小中学校の国語、算数、数学の正答率と収入をクロスしたデータを見ても、私どもが取り上げた家庭に学力不足が起こる可能性は大きいと思います。

次に、問題に取り組むにあたっての留意点です。ここでは四つの項目「組織体制について」「人材の強化について」「地域の協力」「施策の活用」にふれていきたいと思います。

組織体制については、先ほどお話ししたように基礎自治体の場合は縦割りの弊害があります。セクションごとに取り組んでしまい、連携が不十分で全体的な展望が欠落してしまうのです。このあたりを克服していかなくてはならないと思います。人材の強化ですが、特にケースワーカー等について、人数を増やし専門性を高めることが重要です。地域の協力も非常に大切です。虐待の情報提供は近隣・知人からが非常に多く、やはり早期に情報をつかみ対処することが大切なので、近隣・知人など地域の協力が欠かせないのです。それから施策の活用ですが、荒川区では子どもの貧困・社会排除問題に関して九十余りの政策、施策を実施しています。しかしそれでも、死角はあります。例えば高校生です。荒川区の場合、幼稚園から中学校までは区が設置者ですが、高校は都立、私立です。高校生に関する情報がないため、なかなか対策が立てられないのです。こういうところを埋めていく必要があります。

最後に、荒川区の新たな取り組みをご紹介しておきます。先ほどのデータにもありましたが、私どもが取り上げたような家庭では就労問題のウエイトが非常に大きく、就労対策が重要になってきます。現在の労働市場の状況を見ると、これは非常に難しい問題ですが、荒川区ではこの四月から区役所に就労支援課を設け、就労対策に力を入れることになりました。一般に基礎自治体は従来、就労問題にタッチしていませんでした。また、子どもが大きくなったときに就労力を身につけていなければ貧困の連鎖は断ち切れず、そのためには当面、子どもの学力形成のサポートをすべきだということで、今年から学力形成支援を始めています。

参考文献

荒川区自治総合研究所『子どもの貧困・社会排除問題研究プロジェクト中間報告書』二〇一〇年。同「地域は子どもの貧困・社会排除にどう向かい合うのか―あらかわシステム」『子どもの貧困・社会排除問題研究プロジェクト最終報告書』二〇一一年。同編『子どもの未来を守る』三省堂、二〇一一年。

B. S. Rowntree（1901）*Poverty: A Study of Town Life*, MacMillan, London.（長沼弘毅訳『貧困研究』ダイヤモンド社、一九五九年（一九二二年版の訳））

J.J. Heckman（2008）*Schools, Skills, and Synapses*, Discussion Paper, No. 3515, IZA.

子どもの貧困や社会的排除にどう向き合うか

千葉明徳短期大学教授　山野　良一

千葉明徳短期大学の山野です。私は現在、千葉の保育関係の短大で教員をしていますが、もとは神奈川県児童相談所で児童福祉司をしていました。その後、「なくそう！　子どもの貧困」全国ネットワークの立ち上げに加わって、現在その世話人をしています。

はじめに十数年前に私が関わった二つの性的虐待の事例についてお話したいと思います。まずは、中学校二年生の女子の話です。この子は、数年間にわたり、父親からセックスを強要されており、深刻な性的虐待のケースでした。この子の虐待は、彼女が中学二年生の夏休みに明らかになりました。この子と父親が裸で布団に寝ていたのを母親が発見し、児童相談所に連れてきて一時保護したのです。彼女は、一時保護されたときにはほっとした表情をしていました。当然ですね。嫌だった父親からの性的な強要からようやく逃れることができたのですから。

また、同時期、私は高校二年生のやはり深刻な性的虐待のケースを担当していたことがあります。高校生のほうはどのようにして虐待が明らかになったのかというと、高校二年生になって彼氏ができ、彼氏に小学校のときから父親から性的虐待を受けてきたのだということを告白したのです。それを聞いて彼氏は驚き、彼女と一緒に警察に相談に行きました。女の子は、警察を経由して児童相談所の一時保護所に入所しました。このような経緯でしたので、母親は女の子が児童相談所に入所した際は事情を知りませんでした。そこで、児童相談所としてはまず初めに母親に来てもらいました。母親は初め、とても信じられないという顔をしていましたが、娘さんから直接話を聞いた後、「わかりました、私はこの子が言うことを信じたいと思います。この子は決してそんなうそを言う子ではありません。」と言っていただきました。女の子は、その時ほっとした表情をしていました。

私が、二つのケースの性的虐待の発覚の経過を、詳しく説明するのには理由があります。性的虐待によるトラウマは、もちろん性的虐待そのものによる部分も大きいのですが、虐待の発見後に加害者ではない親がどう反応をするかによって、トラウマがひどくなるか否かが規定されることが、性的虐待の研究からは指摘されているのです。この高校二年生の子も、母親が信じてくれましたし、中学生の子も、母親が発見しすぐに対応してくれました。

ただ、児童相談所の一時保護所は長期間いられるところではありません。次の生活の場を決めるためのステップの場なのです。高校生の母親は、当時は専業主婦でしたが、大学を卒業して専門職の技能を持っている方でした。母親と次の生活の場のことについて相談したところ、父親とは離婚しようと思っていますが、すぐに別居は難しいので、女の子は母方の祖父母のお宅に預けて、そこから高校に通わせるということになりました。もちろん、成人後など将来の心配な部分は残りますが、とりあえずこの時点ではスムーズに次の生活の場に移ることができたのです。

ところが中学校二年生の場合は少し違っていました。彼女は保護されたときにはほっとした表情をしていたのですが、次の生活の場を探すにあたって、困難に遭遇しました。その子の母親とも次の生活の場について相談をしていたのですが、母親はパート労働者でした。高校も定時制高校を卒業された方で、専門的な資格も持っていらっしゃいません。それから、女の子には弟がおり、当時まだ小学生でした。後でわかったことですが、母親もＤＶの被害を受けていました。母親は、最初父親との離婚も考えていたのですが、経済的不安などから離婚して彼女を引き取ることに少しずつ二の足を踏むようになっていったのです。祖母からも協力を得られませんでした。

私たちは、生活保護制度のことも伝え、必要であれば、私たちが福祉事務所に同行することも伝えました。ただ、この家族が住んでいる市の生活保護の担当課は当時とても冷たい対応をすることで有名なところだったのです。母子家庭が生活保護の相談に行くと、子どもを児童相談所に預けて働くよう指導されるようなところでした。中学生の母親もシングルマザーの友だちなどが多くその事情をご存じで、なかなか申請に踏み出せないでいました。私たちも無理強いすることはできません。

そのうちに、中学生の彼女も次の生活の場がどうなるんだろうかという不安を抱くようになり、無断外出を繰り返したり、リストカットなども見られるようになっていきました。当時の一時保護所の職員からは、今の彼女は「水（精神的なケア）をいくら注いであげてもほとんどたまらない、『ざる』のような状態なんだよ」と言われました。無断外出についても、「なぜ保護所から出てしまうのか」自分でもわからない混乱状況にあったのだと思います。次の生活の場に落ち着くのにかなりの時間を要することになりました。

虐待と貧困には、もちろん非常に密接な関係があるのですが、私たちは虐待問題の発生原因として貧困問題を想起することが多いと思います。しかし、このケースから見えるのは、虐待で子どもたちが保護されたあとも子どもたちには、貧困や社会的排除の問題がつきまとっているということです。貧困は単にお金があるかないかということだけではなく、様々な社会的な制度からの排除につながってしまうのです。この中学生のケースの場合も、母親の行った定時制高校は、今の社会制度の中では最も排除された学校です。これは教育からの排除といえます。非正規労働者は、なかなか経済的自立ができません。働くことが生活の安定につながらないという意味で、労働からの排除です。家族という制度からの排除もこのケースを象徴しています。当時は生活保護は非常に厳しく、ＤＶも今のようなきちんとした防止法はありませんでした。福祉制度からの排除も受けていたのです。

このように、貧困の問題の核にあるのは経済的な困難なのですが、実はその問題が虐待、ネグレクト、不健康、親の長時間労働、子どもの発達問題など様々な問題と絡んでいるということが強調されなければならない点です。岩田正美先生がおっしゃっているように、「貧困は貧困だけに終わらない」ということなのです。

次に、日本の子どもの貧困状況です。その代表的な指標である相対的貧困率について、二〇一一年に厚生労働省から出された、一九八五年から二〇〇九年までの推移について見ると、二〇〇九年の時点では、国民全体で一六％、子どもの貧困率では一五・七％でした。六人から七人に一人、人口にして約三二三万人の子どもたちが貧困にあるということがわかっています。二〇〇六年から二〇〇九年の間に国民全体の貧困率は〇・三％の上昇に過ぎませんでしたが、子どもの貧困率では一・五％上昇しました。この間に、少子化で子どもの数は五十四万人も減っているにもかかわらず、貧困状態にある子どもの数は二十三万人増えているのです。

この子どもの貧困率が一九八〇年代からずっと上昇してきている一番の要因は、親の非正規労働、低所得化の問題だと思います。実際にどのような年代の人々が非正規労働者かをきちんと見ていくと、若い世代で非正規労働化が進行してきているのです。さらに、子育て世代である二十代の所得分布を見ると、一九九七年から二〇〇七年にかけて、明らかに低所得者層が増えていることがわかります。同じように三十代も低所得者層が増えています。しかし、日本の子どもの貧困について言えば、単に親たちが低所得になったり非正規労働化したりしているという、それだけの問題ではないということも押さえておかなければいけません。

その話題に入る前に、少し相対的貧困率の求め方を整理します（表1）。まず、その要点は所謂家族の「収入」だけから計算するわけではないことです。収入から税金、国民健康保険料などの社会保険料を引いて社会保障給付金（子ども手当や児童扶養手当など）を足して計算をします。その上で、世帯人数で調整して中央値の半分を算出し、その中央値を貧困ラインとしています。貧困ライン以下の世帯に属する子どもの割合が相対的貧困率になります。その貧困ラインは、二〇〇九年時点で、親子二人では一七七万円、親子四人では二五〇万円です。親子二人で一七七万円というのは月単位に換算すると一五万円を切っています。親子四人でも二〇万円ほどです。そして、この額には児童扶養手当や子ども手当などが含まれているのです。ここから水光熱費、家

表１　相対的貧困率の算出方法

１．世帯の可処分所得を求める ＊可処分所得（手取り所得） ＝家族の給料（税引き前） －(税金＋社会保険料)＋社会保障給付金
２．１を世帯の人数で調整する
３．２の中央値の半分を貧困ラインとし，それ以下の世帯に属する子どもの割合。
○親子二人で177万，親子三人で217万，親子四人で250万円（2009年）

賃、教育費を払うとなると大変厳しい状況です。それ以下の家庭で暮らしている子どもが、今や六人から七人に一人いるというのが日本の現状なのです。

先ほど、親の低所得化、非正規労働化以外の問題があると言いましたが、それは、日本の場合、社会保障制度や福祉制度がほとんど機能しないがために子どもたちが貧困に陥っている可能性があるということです。先ほどの相対的貧困率を求める計算式で、税金や社会保険料を引いた上で、社会保障給付金を足すという計算をしました。引いて足すことで政府は何をやっているかと言うと、所得の再分配を政策として行っているわけです。所得の再分配とは、大企業とか高所得者から税金を多めに払ってもらって、現金給付などで低所得者に分配することです。再分配は低所得者が人間らしい生活をできるように国家が手助けすることなのですが、日本は再分配すると実は子どもの貧困率が増えてしまう稀な国なのです。なぜこのようなことが生じるかというと、ひとつには日本では社会保障給付金が非常に限られていて、特に子どもたちにそれが分配されていないことが大きな要因なのです。

所得再分配の問題は現金の給付だけにしか関係しないことなので

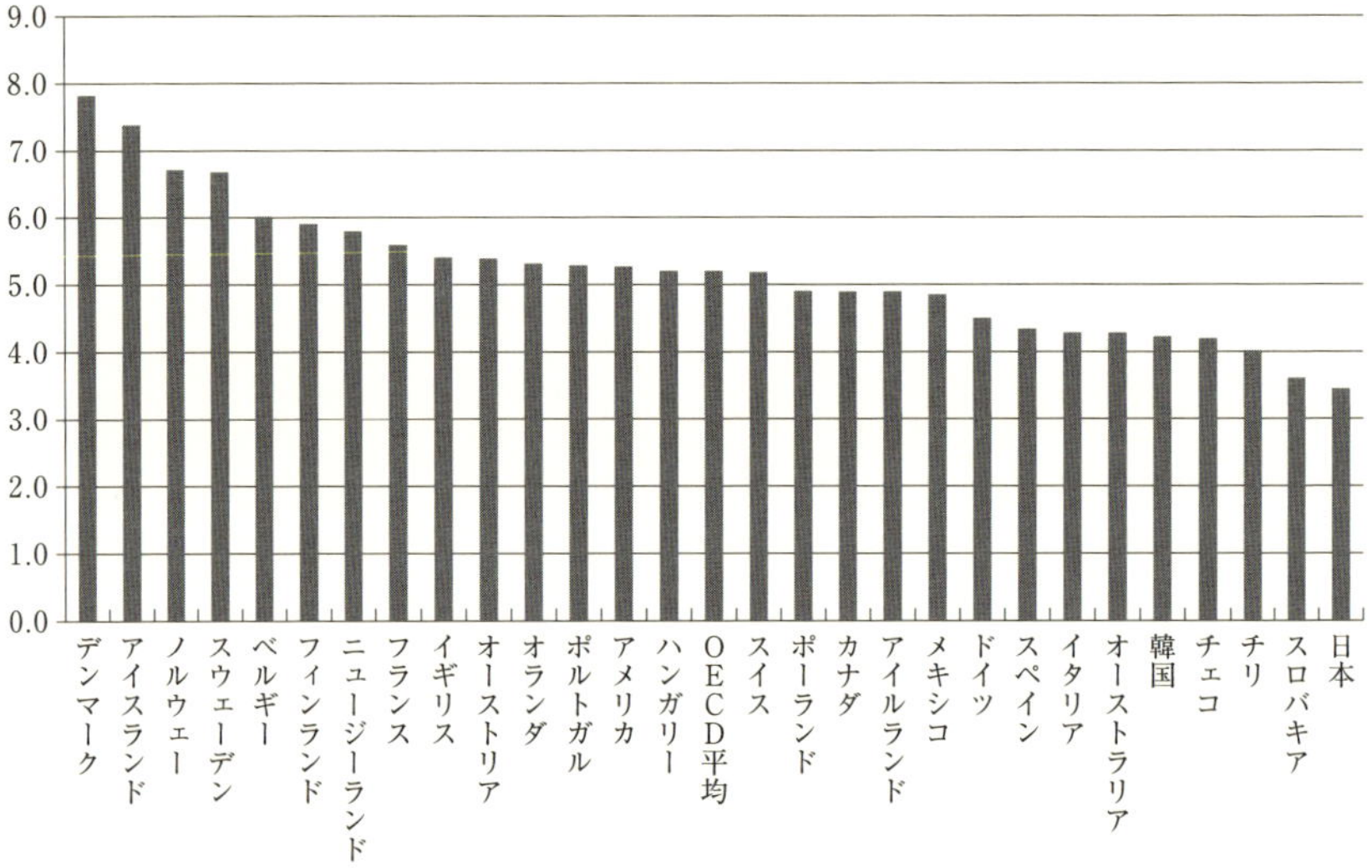

図1　OECD諸国における対GDP比の教育費の公的支出割合

すが、日本の場合はさらに、現物給付でも非常に大きな問題を抱えています。図1はOECD各国で公的な教育支出が対GDPでどの程度支出されているかということを示します。二〇〇九年時点で、日本はOECD諸国中最低の水準です。公的教育支出が限られており、その意味で現物給付も非常に限られているのです。日本でその現物給付が限られているのは、子どもたちの年齢で言うと二つの時期だと思います。一つは就学前教育、そしてもう一つは高等教育（大学等）です。

　高等教育においては、日本の場合、学費の高さと奨学金制度の不備が指摘できます。日本とアメリカとオーストラリアは学費が高いけれど、ヨーロッパ諸国では学費が低廉で、一、五〇〇ドル以下に押さえられています。奨学金についてみると奨学金を受ける学生の割合は、アメリカ、オーストラリアでは非常に高く、日本では低くなっているのです。日本の奨学金は、ご存じのとおりほとんど貸与型の奨学金で、その多くが三％近い利子が付くものです。給付型の奨学金、つまり返さなくてもいい奨学金は日本では公的には存在しません。このため、日本では大学の学費を家計で負担する割合が非常に高いのです。

さらにこれは大学だけではありません。大学までの学費、教育費も非常に日本では高いのです。幼稚園から大学まですべて公立に通い、大学へは自宅から通うという想定で、子ども一人あたり一、〇〇〇万円近くの費用がかかります。どこかの段階で私立に通えば、一、五〇〇万円近くかかってしまう。親たちは大変な負担をしているわけです。

しかし、これを子どもの視点から見るともう少し違った見え方がしてきます。学費を非常に低廉に抑制しているヨーロッパの国々は、親たちを楽にさせるためだけにそうした政策を導入しているわけではないと思うのです。子どもの権利や自立を重視しているのです。つまり、十八歳になれば、どんな家庭に生まれた子どもも親に頼らずにきちんと大学に行けるよう国が保証しますよということです。それに対して日本では、残念ながら十八歳を過ぎても、親に依存しないと大学すら行けない国だと思うのです。

さて、これまでお話ししてきたようなことから、私は子どもの貧困を、敢えて家族の貧困から切り離して考える意味があると思っています。日本では親が貧困ならば子どもが多少苦労するのは仕方がないと考える文化がまだ残っているように感じます。日本政府も子どもの権利条約を批准しました。親からの暴力について日本でも虐待の問題として取り上げるようにはなってきています。しかし、子ども間の不平等について、私たちはまだまだ真剣に取り上げていないのではないでしょうか。

二〇一〇年に国連の子どもの権利委員会が出したレポートでは、子どもの貧困に関する提言がありました。レポートでは日本について、子どもに対する予算配分が非常に少なく、データも存在していないことが問題であり、貧困削減戦略を練るべきだと指摘されているのです。私たちの「なくそう！　子どもの貧困」全国ネットワークが現在求めているのは、日本で子どもの貧困対策法を制定すべきだということです。実はこのことは、私たち「なくそう！　子どもの貧困」全国ネットワークが初めて提唱したことではありません。皆様、あしなが育英会という団体をご存じでしょうか。かつては交通遺児だけを対象としていましたが、現在では親を自死で亡くした子どもたち、親が精神疾患を患って困難を抱えている子どもたちに対しても奨学金を出している団体です。実はこの子どもの貧困対策法はこのあしなが育英会の当事者である若者たちが初めて提唱したのです。彼らが、日本に子どもの貧困に関する法律がないのはおかしいじゃないかという声を上げ始めたのです。

子どもの貧困対策法で参考にしたいのが、イギリスの子どもの貧困法（Child Poverty Act）です。イギリスでも子どもの貧困問題は深刻なのですが、一九九〇年代後半労働党のブレア首相は就任早々、二十年かけて子どもの貧困をゼロにするという、大胆な目標を掲げました。その後様々な対策が練られ、在任中に見事に貧困率を三分の一に削減することができました。二〇一〇年には保守党政権に交代しましたが、その直前、ブレアが取り組んだ改革を継続することを目指して、子どもの貧困法が制定されました。法律の特徴は、相対的貧困率などの指標に加え、例えば学校行事に参加できない子どもたちの数、冬に暖房なしで生活している子どもたちの数を表す相対的剥奪という指標も用いていることです。また、長期にわたって貧困状況にある子どもを減らすことも掲げています。イギリスの子ども貧困法のように、数値目標を掲げ、政府が政策を実現していくように訴えていきたいと思っています。

私は現場にいた者として、日本の子どもたちや貧困な家族を支えるためには、孤立を防ぐことが一番大事だと思っています。特にシングルマザーやシングルファザーの家庭は孤立してしまいがちです。近隣からも、祖父母からも支えてもらえない家庭が多いのです。こうした家族を温かく支える必要があります。

それから、私たち「なくそう！　子どもの貧困」全国ネットワークが昨年から取り上げているように、学習支援が大切なことも見逃せません。私たちは、「学びサポート」と呼んでいますが、経済的に困難な子どもに対する、無料、または低額の学習支援に取り組む非営利活動の団体がここ数年増えています。私たちはそうした団体と交流を持ち、活動を支えていきたいと考えています。そうした団体が共通して課題として認識しているのは、実は孤立の問題なのです。つまり、こうした活動では、単に勉強を教えるだけではなくて子どもたちの居場所を作ることが大切だということです。居場所を作り、孤立を防ぐことが子どもたちにおいても大切なのです。

すべての子どもが、成長できる「教室」〜持続可能な支援へ

Teach For Japan 代表理事　松田　悠介

皆さん、こんにちは。NPO法人 Teach For Japan の松田です。本日は私どもが解決しようとしている社会課題や、そのアプローチについてお話しします。

日本でも、生まれた地域や家庭の環境によって、子どもの高等教育へのアクセスや就労へのアクセスが制限されています。Teach For Japan は日本に存在する格差の問題に取り組んでいますが、進学率の格差はあまり知られていません。「日本に教育格差などない」と言われることもあります。しかし日本にも深刻な格差問題は存在しています。

二〇〇六年のデータでは、日本はメキシコ、トルコ、アメリカに次いで四番目に相対的貧困率が高く、生き延びるための生活水準を満たしていない人が一五％もいます。貧困が子どもに及ぼす影響については、さまざまな調査結果から、世帯収入が高いほど子どもの学力は高くなることがわかっています。親が学校外でどの程度教育に支出できるかが、子どもの基礎学力を大きく左右しているのです。収入との関係をみても、たとえば東京大学の在学生の家庭状況に関する調査では、世帯年収九五〇万円以上の家庭が五一・八％である、といった結果が出ています。義務教育の間はある程度均質な教育が受けられますが、中三の高校受験でいきなり競争が始まり、これ

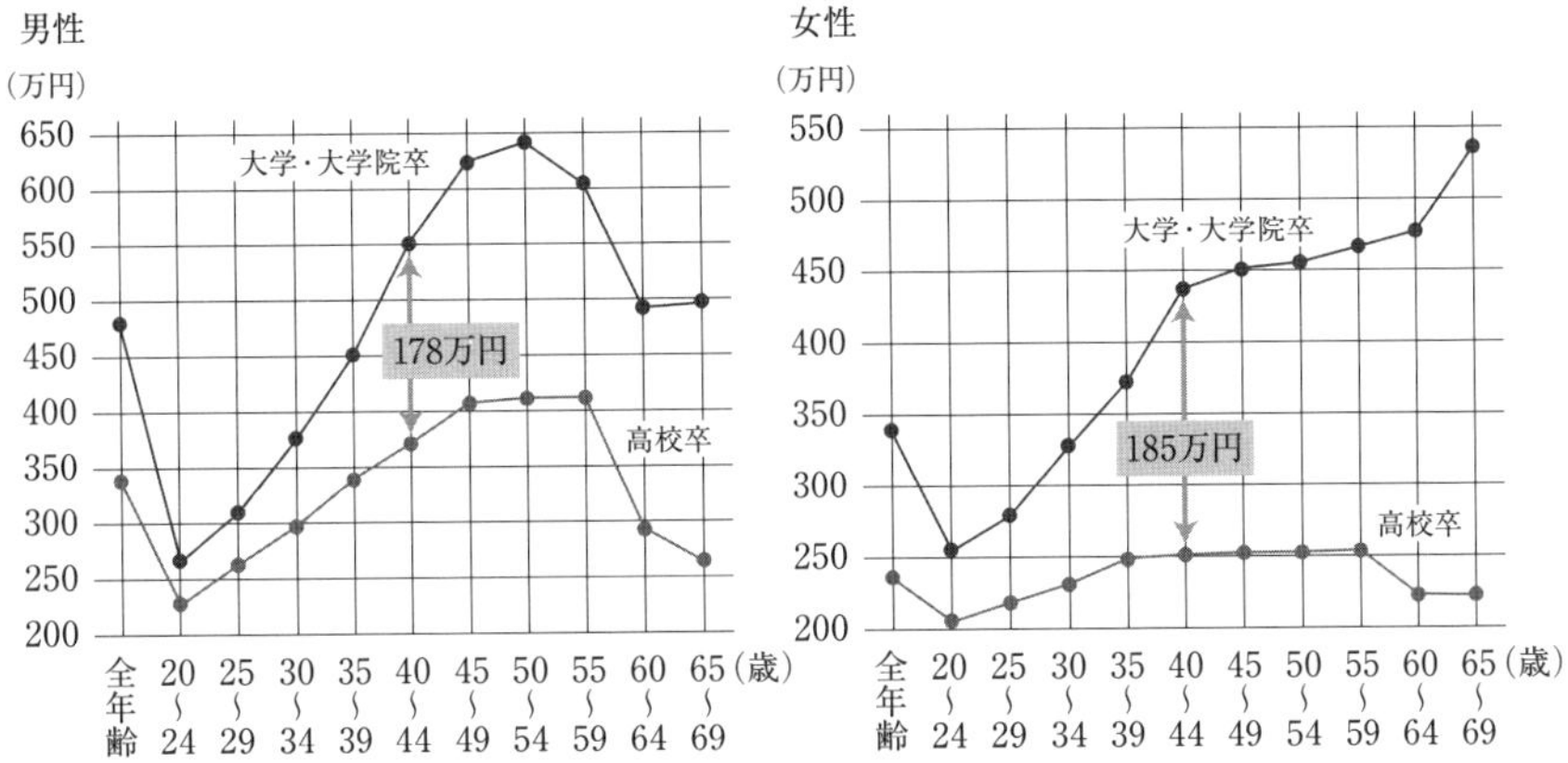

注）賃金の定義は平成23年６月分の現金給与額から超過労働給与額を差し引いた金額を年換算。
出所）平成23年度賃金構造基本統計調査（全国），厚生労働省

図１　学齢学歴別年収の年収比較

によって進学できる高校が決定し、進学した高校によって次は大学進学率が大きく異なってきます。旺文社パスナビによると、偏差値七〇台の高校の現役大学進学率は八一・八%、対して低偏差値高校は二二・四%です。

大学に行くことがすべてではありません。しかし大学に行ったかどうかによって、職業選択の幅は大きく異なります。世帯収入にも大きな差が出て、高卒と大卒の年収差は子育て世代で約一八〇万円、生涯賃金では一億円近くになります（図1）。

何より問題なのは、これが連鎖していることです。家庭環境や経済環境によって基礎学力に差が生まれ、高等教育へのアクセスによって就職の幅が限られ、収入に影響を与えて、自分の子どもにまた影響が出る。この貧困の連鎖が世代を超えてつながっていることが非常に深刻な問題なのです。

子どもを取り巻く環境は地域、家庭、学校の三

つがあります。どこから取り組むかということで、Teach For Japanとしては学校に取り組みたいと思っています。かといって地域や家庭を無視しているのではなく、まずは私たちが学校に人材を紹介し、次にその学校の先生や子どもを通して地域のコミュニティー開発や親との信頼関係を築いていくという考えです。学校といっても、ハード面、ソフト面いろいろありますが、私たちは徹底して人にこだわります。人すなわち教師、教師すなわちリーダーです。私たちのモデルでは、私たちが採用、選抜、育成した教師を、教育委員会に紹介し、採用していただいた上で、いわゆる困難校と呼ばれる、特に厳しい課題を抱える学校において二年間、教師として活動していただきます。「日本に困難校など本当に存在するのか」という質問を受けることがありますが、例えばA県で私たちが支援するある中学校では、就学援助と生活保護を受けている家庭の子どもが全体のおよそ七〇％になります。こうした学校では、一度学習が遅れてしまった子どもたちが遅れを取り戻すための追加的な教育機会にアクセスできないために低学力の状態にすえおかれてしまう現状があります。私たちは、連携する教育委員会と相談の上、課題の深刻度や緊急性のより高い学校から優先的に教師を紹介していきたいと考えています。

候補者の選抜方法ですが、二〇一三年度のプログラムについては、教育委員会に雇用されるので教員免許は必須です。ただし、免許があればプログラムに参加できる、というわけではありません。私たちは困難校の特性に合わせて採用基準や研修の仕組みを作ります。二〇一四年度以降は、特別免許状や教育特区における特例特別免許状などの制度を活用し、教員免許を持たない若手社会人に対しても教師になるチャンスをつくり、ひろく社会全体から候補者を募りたいと考えています。

私たちTeach For Japanの選抜には十の基準があります。それは、私たちの使命に共感しているかどうか、自己革新力、他者を動機づけ影響力を与える能力があるかどうか、柔軟性、多様性に関する理解、計画性、課題解決力、日々モチベーションを保ちながら、たゆまぬ努力をして子どもと向き合い達成する力、忍耐強さ、そして何よりもリーダーシップ経験です。このように困難校で力を発揮するための特有の観点で採用活動を行っています。

次に私たちの研修についてです。研修は赴任開始前のおよそ三百時間で、合宿形式で集中的に行います。私たちが重視しているのは、現場に入ってPlan、Do、Check、ActionのＰＤＣＡサイクルを回し続けることができるかどうかであり、現場に入ってからの成長を支援できるような事前研修となります。

合宿のスケジュールは非常に過密です。朝一番に学習指導案を作り、午前中はさまざまな理論の講義を受けます。午後は毎日三時間、直接子どもを指導します。この間、指導相談員がついて、うまくいったところ、いかなかったところを授業後にフィードバックし、これをもとに翌日の指導案を修正します。そして夜は翌日の授業のリハーサルです。ＰＤＣＡサイクルをくり返し、くり返し行う事前研修を設計しています。

理論の内容は幅広くありますが、重点項目としては、まず子どもを導く力であるリーダーシップです。二十一世紀型スキル教育についても取り上げます。合わせて多様で複雑な学校文化の理解も重要です。事前に教育委員会や地域で活動するＮＰＯから、その地域の問題は何なのか、特性や特質は何なのかを研修してもらいます。もう一つは関係構築で、研修にはコミュニケーションのプロフェッショナルやコーチにも入ってもらいます。

赴任後には、ときには指導相談員が授業を見学しフィードバックを与えますし、学校現場からの声を踏まえて、必要と思われる研修も組み込みます。若年の先生の離職率が問題になっていますが、特に困難校に配置されることで一から二年で燃え尽きてしまうケースは少なくありません。そうならないよう、私たちは配置後の二年間、定期的に支援します。日本には多くの退職したベテラン教員がいますので、Teach For Japan の使命や目標に共感する方々のネットワークを作り、現場でがんばる教員の精神面の支援をしたいと思っています。あとは横のつながりです。同じような環境でがんばっている仲間がいることを知るだけで原動力になります。

私たちはこうした活動を通じて、困難校で力を発揮しうる人材を特定し、また教育委員会や学校現場など最前線で子どもと向き合う人々と「どういう教師が必要か」を意見交換しながら、現場に根ざした採用基準を作っていきたいと思っています。加えて研修と支援も、私たちの持つ世界的な基準を日本に合わせていかなくてはいけません。

私もこの二カ月で七十の教育委員会と意見交換し、現場で何が必要なのかを吸い上げ、研修に組み込んでいます。今後は、大学の教員養成で手が届かないところは何か、そのための連携も密に取っていきたいと思っています。教員養成はどこか一つの機関がするものではありません。市民や社会全体を巻き込みながら、子どもを救い、導く教員に必要な素養、素質は何なのかを考えていきたいと思います。

現場での二年を終えた後のことですが、これは本モデルのミソでもあります。「もっと現場でがんばりたい」と希望すれば残ることができますし、「現場では力が出せないから民間でサポートしたい」と思えばそれも可能です。「親の教育が重要だ」「キャリア教育が必要だ」と感じて、それに特化したＮＰＯを立ち上げる人がいるかもしれません。教育格差の問題を是正するため、政治家を志す人や、文部科学省や教育委員会に就職する人もいるかもしれません。何より重要なのは当事者としての経験であり、その当事者意識がいろんな業界を巻き込むことでコンソーシアムができてくるのです。日本には貧困問題、教育問題もあります。そして、モンスターペアレントについては、親をモンスター扱いしていては絶対に解決しません。そうではなく、現場を経験し、教育に何が必要かを知った人間が少しでも多く世の中に出て行動を起こすことで、今の閉塞感のある日本の教育システムの風通しが良くなればと思います。

私たちは一組織で日本の教育格差問題を解決しようなどとは思っていません。さまざまな関係者との連携が必要ですし、私たちのコアバリューとして社会的リソースを使いこなしてでも、今現在苦しんでいる子どもの未来をいかに開くかを考えていきたいと思っています。

日本は二〇一三年四月からですが、世界ではもう二十五カ国でこのモデルはスタートしています。アメリカでは文系学生の人気就職先ランキングの一位にもなり、ハーバード大学の卒業生の一八％がキャリアのスタートにTeach For Americaを選んで応募書類を出しています。世界的に見れば、このプログラムがアメリカだけでなく各国の現場に根付いています。イギリスでは十年目ですが、就職ランキングの四位です。日本にも教育格差の問題を世界規模で解決する大きなうねりを起こしていきたいと思っています。

最後にメッセージです。問題意識を問題意識にとどめないでください。何か小さな行動を起こすことにより、この国は必ず明るい国になります。今日の講演を聞いて、皆さん一人ひとりが何かの行動を起こせば、私たちの組織は大変強くなります。今、経済も政治も日本は閉塞感がありますが、子育ての話では、自然と表情は明るくなります。電車でも公園でも子どもがいる空間は明るくなります。私は早く子ども中心に物事を考える社会を作り、この国を明るくしたいと思っています。皆さんもぜひ何か子どもに対する行動を起こしていただければと思います。

Fighting the Good Fight: How Teach For America is Tackling Educational Inequality

Teach For All プログラムエンゲージメントディレクター・Teach For Japan 担当
Maurice Rabb

皆さんこんにちは。まず初めに、二人のアメリカ人の話をさせてください。二人をA君とB君とします。A君はアフリカ系アメリカ人でした。低所得者地域の母子家庭で育ち、政府からの支援で家計は成り立っていました。A君は学校も大好きで、よい教育を受けることで将来よりよい人生を送る道につながると信じていました。A君は五年生のときにある教師と出会い、学業でも私生活でも非常に大きな影響をうけ、また常にベストを尽くすようにと教えられました。その先生をはじめ、多くの熱心な指導者のおかげで、A君は学生時代にさまざまな経験をし、またアメリカ国内、そしてカナダにも行く機会を与えられました。A君はその後、アメリカでも優秀な大学へと進学し、そして最終的には弁護士となります。彼は、彼の家族で初めて大学まで進学し、そして卒業した一人でした。

B君も同じようにアフリカ系アメリカ人で、彼も低所得者地域の母子家庭に育ちました。しかしB君はあまり学校を好きになれずにいました。小学校ではB君も学力的には平均レベルにいましたし、ほとんどトラブルを起こすこともありませんでしたが、中学校に入学したあとに学校を休みがちになり、次第にいわゆるギャングと付き合うようになっていきました。B君の場合はほとんど勉強せずにいて、また彼を奮い立たせるような熱心な教育者に出会うこともありませんでした。B君は高校に進学したものの、一年で中退しました。その後はギャングに交じって過ごすようになっていきました。一九九五年の夏、A君が大学受験を目指して勉強している中、B君は薬物をめぐる抗争で銃で撃たれて亡くなりました。あと十日で十八歳の誕生日を迎えるところでした。そして今日ここに立っている私がA君です。B君は十七年前になくなっています。

二人は同じようなバックグラウンドを持っていたはずですが、その後の人生は大きく異なりました。もちろん人生にはさまざまなことが影響してきますが、二人の人生において最大の違いは、それぞれ教育に対する思いが違っていたというところと、またそれぞれに与えられた教育の機会を最大限生かせるサポートシステムがあったかどうかということだったのではないでしょうか。非常に残念なことですが、今もアメリカにはB君のような学生がたくさんいます。牢獄で人生を終える人がたくさんいるのです。例えば、二〇〇一年に生まれたアフリカ系アメリカ人男子のうち、三三％が牢獄で一生を終えると言われています。一方、同じ二〇〇一年に生まれた白人男子の場合ですと、牢獄で一生を過ごすであろう人口は、たった五・九％と言われているのです。さらには、アメリカ国内の高所得者地域出身の大体八〇％が大学まで進学しますが、低所得者地域出身の大学進学率は五〇％にすぎません。実際のところ低所得者地域の出身者は、高校すら卒業できずにいますので、この格差はどんどん広がっていっているわけです。

これが、私が一九九九年の大学卒業時に、Teach For America に応募しようと思った背景です。私は Teach For America の教師として二年間、困難校と言われる小学校で教えておりました。他人の人生に大きな変化を与えるようなうねりの一部になりたいと、強く思っていましたし、特に私のような低所得者地域出身の人々の人生に変化を起こしてあげたいと思っていました。まさに私自身が、すばらしい教育の機会をもらうことで、人生を大きく変えていけるということを実証していると思います。

Teach For America は二十二年間にわたって、アメリカ国内のすべての子どもたちが、よりよい教育にアクセスできるようにというビジョンを掲げて取り組んできました。今日アメリカでは、そういった影響力のある熱心な先生たちのおかげで、低所得者地域出身の生徒が学問において成功を収めているという事例がたくさんあります。大抵の場合、低所得者地域にいる彼らの人生には、貧困もしくは犯罪、そして死までもが付きまとっているわけですが、彼らは教育を通して人生を全く違ったものへと変えることができているのです。こうした生徒たちは、ニューヨークやニューオーリンズ、シカゴやロサンゼルスなど、そういった地域の優秀な学校へと進学していっています。

一方で、アメリカにはまだまだ教育格差が存在しており、だからこそ Teach For America がすべての子どもたちによりよい教育機会を与えられる日が来るまで、引き続き活動していかなければいけないと思っています。そして、さらに残念な事実としては、この教育格差は今や世界各地に広がっております。だからこそ Teach For America は、イギリスの Teach First とタッグを組み、Teach For All という世界へ展開する組織を発足させたのです。現在 Teach For All には二十四カ国が加盟しておりまして、それぞれ各国の教育格差の課題解決に向けて活動しております。

そして、先ほど松田が申し上げたように、Teach For Japan も二〇一二年一月より正式に Teach For All ネットワークに加盟いたしまして、子どもたちが地域、学校、そして社会の状況に左右されることなく、よりよい教育機会にアクセスでき、彼らの可能性が最大限生かされるような社会をつくっていくことを目指して活動しています。この使命を実現するために、Teach For Japan では優秀な学生に、ぜひ日本の教育における大きなうねりを作り出してほしいと考えています。私が五年生のときに出会った恩師のような、そしてまた私自身が Teach For America の教師として実践してきたように、教室で子どもたちに変化をもたらすことのできる、彼らに大きな影響を与えることのできる、そんなリーダーを Teach For Japan は養成していきます。われわれは教育機関の平等を人生をかけて提唱するような、そして日本で大きな変化を起こしてくれるようなリーダーの育成を目指して活動していきます。

総括討論

〔司会〕　早稲田大学教育・総合科学学術院教授　小林　敦子

小林：それではこれから質疑応答にはいります。会場から何か質問、ご意見などございましたら、ぜひお願いしたいと思います。

会場A：（松田氏への質問）Teach For Japan で求める人材について、学歴は重要なのか。学生時代に取り組むべきことは何か。

松田：学歴は問いません。教員免許を持ってなければいけないという条件だけなので、偏差値の高い学校を出た方でなければいけないということは全くありません。先ほど申しあげた十個の採用基準があって、一次、二次、三次面接、グループディスカッション、模擬授業を経て、採用しております。

もう一つの学生生活中にできることについては、私が「大学時代からこういったものをやるべきだ」と決めるべきではないと思っています。大学生が日々感じている問題意識について、行動を起こすことが大切で、どういう行動を起こすかは本人が決めることです。私からはそういった行動を起こすことを奨励していきたいと思います。

私の例で申し上げますと、自分は大学三年生のときに、一人親家庭の子どもたちを対象にした無償の学習コースを開き、八名の子どもたちを指導しました。当時、私は何よりも自分の指導力を高めなければいけないという問題意識がありました。やはり、実際に子どもに接して指導する中で自分の指導力が高められると思っていましたが、教職課程では教育実習の二〜三週間しかその実践機関がありません。これでは指導力を高める訓練にはならないと考えたので、大学三年生から自分で実践の場を設けました。この経験からは二つの点でよい経験になりました。一つは、自分の指導力を高めることができました。毎日、勉強を教えコミュニケーションをとることによってです。もう一つは、一人親家庭の子どもたちの現状を理解することができました。本当に家庭環境がどうなっているかを目の当たりにしました。また、自己効力感や自尊心の欠如であるとか、教育格差の問題の構造を理解することができました。

会場Ｂ：（山野氏への質問）財政面の施策で行政に期待することは何か。

山野：期待したいというよりも、現にヨーロッパの国々が行っている施策が参考になると思います。ヨーロッパ、特に北欧の国々では福祉の予算を高齢者向けから乳幼児向けに転換しつつあります。先日、フィンランドの研究者と話をしましたが、フィンランドでは子どもの貧困の解決は、保育所を充実させることだとはっきり言っていました。この議論では先ほど二神先生もおっしゃっていた、ヘックマンが参考になります。ヘックマンは、これまで先進国では、十八歳以降に対してかなり投資をしてきたのですが、それでは国全体では合理的ではないと言い出したのです。三〜四歳の時期、または小学校に入学するまでで、子どもたちの発達のかなりの部分が決まっているということを、心理学と経済学の連携で発見していくのです。イギリスの子どもの貧困法やヨーロッパの国の政策では、この知見を理論的根拠として使っているのです。日本で今翻訳されている本では、エスピン＝アンデルセンというデンマークの研究者の『アンデルセン、福祉を語る』という本がわかりやすくその辺りの説明をしています。この知見は、日本で政策立案していく上でも根拠として使えると考えています。日本では保育所、幼稚園に予算が掛けられているとはあまり言えません。例えば、三歳ぐらいまでは保育士対子どもの数の比率は欧米とそれほど変わりませんが、四歳、五歳では教員一人あたりの子どもの数が多くなってしまっています。この比率を改善することが、小学校入学時点の発達格差を埋めていくために必要だと思うのです。

会場C：（Rabb 氏への質問）Rabb 氏が小学校のときに影響を受けた教員は子どもにどのように接していたのか。子どもに強い影響を与えるポイントとは何か。

Rabb：私が出会った教師はまず、私や、クラスの子どもたちすべてに、強い関心を持って、子どもたちのことを知ろうとし、家庭訪問もしていました。次にその教師は、その子どもたち、生徒たちが将来を描けるように、将来の夢は何ですか、将来どういうことをしたいですかということを常に問いかけてくれていました。三つ目は、すごく努力をしていたと思います。生徒たちが夢をかなえられるように、目標を持てるように、努力をしていたと思います。ですので、私自身がその影響力のある教師を表現するのであれば、この三つを挙げたいと思います。

会場D：（松田氏への質問）Teach For Japan の活動はどのように広報されているのか。

松田：Teach For Japan の場合ですと、各大学に学生支部を作り、学生たちが積極的にその大学内での説明会などの広報活動をしています。もう一つ、実は Teach For Japan は学習支援事業も行っています。その事業は、まず夏休みや週末に、生活保護を受けている子どもたちや、東日本大震災で被災した子どもたちに支援ができるという学生に、携わってもらっています。教員免許を所持している社会人の皆さんにも、積極的に Teach For Japan の活動に関わっていただくため、企業と連携をしながら広報活動を進めています。

会場E：（二神氏への質問）学力形成の支援にどのように取り組んでいるか。（松田氏への質問）Teach For Japan の活動成果はどのように評価するか。

二神：荒川区の学力形成支援事業に触れましたが、今年スタートしたばかりです。この事業は教育委員会事務局がやるのではなく、子育て支援課で実施しております。小学校高学年から中学生を対象に週三回、教員の経験者、大学生、大学院生のボランティアにお願いして実施しています。他の子どもの貧困対策、社会的排除対策でもそうですが、学習支援も、行政が行う以上は、貧困や、社会的排除を受けている家庭の子どもだけを対象にはできないので、一般の希望者も受け入れています。

松田：評価についてなのですが、詳細については、現在検討段階です。私たち Teach For Japan として本当にすべきことを評価するためには、実際に子どもたちがどう大人になっていくのかが大切です。私たちが支援したとしても、貧困の連鎖を抜け出せなければ、私たちは成功したとは言えないでしょう。私たちが支援したことを通じて、子どもの自己効力感や自尊心が取り戻され、かつ自分の進みたい道が明確になれば、結果的に大学に進学するケースも出てくると思いますし、さらに仕事に就いて、貧困の連鎖から抜けだし、生活保護を受けずに自分が税金を払う側になるといったことになっていくと思います。

成果を評価するには、その到達目標からたどっていって細分化すると、もしかしたら大学進学かもしれませんし、もっと細分化すれば一つ一つのテストの点数かもしれませんし、子どもたちが勉強を楽しいと感じたということかもしれませんし、宿題の提出率、出席率、手を挙げた回数など様々な評価の方法があり得ます。そしてそのあらゆるものを、きちんと評価していかなければならないでしょう。また、子どもたちだけではなくて、地域の方々を通じての評価も欠かせません。現在のところ、詳細は検討段階ですが、私たちの活動の評価は、私たちが自らのプログラムを改善するための材料になりますので、よく検討していきたいと思っています。

会場F：（松田氏への質問）二十一世紀型の学力とは具体的にどういうものか。貧困世帯が集住している地域ではなく、普通の地域に居住する貧困世帯の子どもたちへの支援はどうするか。

松田：二十一世紀型の力では、情報処理能力ではなく情報編集能力が重視されます。それは批判的思考力や論理的思考力など、考える力そのものです。これまでは工業化の社会であり二十世紀型の教育というのは、ベルトコンベアの前に立って製品を効率的に大量に作るための人材が求められていました。一方的に情報を伝達し、あるいはその情報を処理して暗記する、マニュアルを覚えることが求められていたのです。そのモデルはある程度成功し、日本の高度経済成長を現出しました。しかし、今後はベルトコンベアの前に立つ人材ではなく、それをマネージメントする能力、新しいものを作り出す創造力が多くの人に求められるようになっていくのです。この創造力はこれまでは、トップ一％だけに求められる力でしたが、これからは二〇％、三〇％に求められる能力になっていくと思います。こういったＰＩＳＡ型の情報編集能力、創造力が求められてくるのです。そしてその能力は特定のリーダーだけが持っていればいいのではなく、子どもも大人もすべての人が創造力を持たない限り、二十一世紀の社会では生き延びていくことができなくなっていくでしょう。

そして、多くの学校に点在している貧困を抱えた子どもに対するアプローチですが、私たちの思いとしては、すべての学校に Teach For Japan の教師を配置することを目指していきたいと思います。もちろん Teach For Japan の教師でなくても、同じ思いで、私たちと同じ目標を共有できる教員がすべての学校に配置されればよいのです。この点は、現在、教育委員会と協力しながら教師の初任者研修にも反映していただいていますし、大学生の教師塾にも取り入れていただいています。困難を抱える子どもたちと向き合うために必要なものは、別に Teach For Japan の教師だけではなく、すべての教師が持つべきものだと思っています。私たちが直接働き掛けられなくても、教育委員会など関連組織と連携しながら、すべての学校に同じ目標を共有し、能力を持った教師を配置したいと思っています。

「早稲田教育ブックレット」№.8刊行に寄せて

堀　誠

早稲田大学教育総合研究所では、毎年一月末に当該年度に活動した研究部会の「公開研究発表会」を開催しています。一年度遡りますが、二〇一一年度の発表会（二〇一二年一月二十四日開催）の席上、一般研究部会「青少年のための社会教育施設に関する総合的研究—青少年の居場所づくりと社会教育—」の小林敦子主任は、日本国内だけでなく香港や中国における海外調査をも踏まえて、子ども・若者のための社会教育施設に関する現状と課題について多角的に報告し、その間「子どもの貧困率」にも言及されました。

「子どもの貧困率」は、各世帯の年間所得から税金や社会保険料などを差し引いた可処分所得を順に並べて、その国の可処分所得の中央値の半分に満たない子ども（十七歳以下）の割合をいったものであり、厚生労働省の「国民生活基礎調査」のデータによれば、日本では二〇〇六年で一四・二％、二〇〇九年で一五・七％という驚くべき数値になります。日本の子どもの七人に一人が貧困であるといわれる所以の数値ですが、二〇一二年五月末には、ユニセフのイノチェンティ研究所から『Report Card 10 先進国の子どもの貧困』が発行され、子どもの相対的貧困（child poverty）に関して、先進三十五カ国の中で日本がその貧困率の高い方から九番目にランクされていることが明らかになり、マスコミでも大きく取り上げられることとなりました。

本研究所では二〇一二年度の研究部会活動をスタートするにあたって、応募申請のあった「子どもの貧困と対抗戦略に関する教育学的研究—国際比較の視点から—」（小林敦子主任）が採択されたのにともない、七月開催の「教育最前線講演会シリーズXⅣ」の企画としての立案をもお願いした次第です。

「教育」の環境を考えるとき、義務教育無償・義務教育教科書無償給与、公立高等学校授業料無償化制度・高等学校等就学支援金、児童手当（子ども手当）、ならびに雇用・社会保障制度との複雑な関係性とも相俟って、この「子どもの貧困率」の数字は少なからず社会的な問題や課題を象徴的に物語っているように考えられます。教員養成の場にある者はもとより、教員を志望する人々へのある種の強いメッセージをも含んでいます。

本ブックレット刊行の趣旨にご理解いただいた講師の先生方に厚くお礼申し上げるとともに、読書子には文字を通して講師の声に耳を傾け、多くを学んでいただければ幸いです。

（早稲田大学教育総合研究所　所長）

著者略歴（2013年３月現在）

小林　敦子（こばやし　あつこ）
早稲田大学教育・総合科学学術院（教育学科生涯教育学専修）教授　博士（教育学）。
略歴：東京大学教育学研究科博士課程単位取得退学。京都大学人文科学研究所助手、早稲田大学教育学部専任講師、助教授を経て、現職。

二神　恭一（ふたがみ　きょういち）
公益財団法人荒川区自治総合研究所理事・所長、早稲田大学名誉教授　商学博士。
略歴：早稲田大学大学院商学研究科博士課程修了、早稲田大学助手、専任講師、助教授、教授、愛知学院大学教授を経て、現職。

山野　良一（やまの　りょういち）
千葉明徳短期大学教授、「なくそう！　子どもの貧困」全国ネットワーク世話人。
略歴：米国ワシントン大学（セントルイス）ソーシャルワーク学部修士課程修了。神奈川県児童相談所勤務を経て、現職。

松田　悠介（まつだ　ゆうすけ）
Teach For Japan 創設者兼代表理事
略歴：ハーバード大学教育大学院修士課程修了。中学・高等学校教諭、千葉県市川市教育委員会事務局非常勤分析官、Pricewaterhouse Coopers を経て、現職。
世界経済会議 Global Shapers Community メンバーに選出。経済産業省「キャリア教育の内容の充実と普及に関する調査委員会」委員。

Maurice Rabb（まうりーす　らぶ）
Teach For All 日本担当ディレクター。
略歴：カリフォルニア州立大学バークレー校法科大学院修了。Teach For America コアメンバーとしてカリフォルニアにて小学校教諭、五年半にわたり弁護士事務所モリソン・フォースター東京オフィスでビジネス分野の弁護士を経験し、世界二十六カ国が加盟する Teach For All に参画。